To Hester,

Have a lovely Christmas!
Hope you enjoy reading about
Paris ☺

Lots of Love
Annabelle
xxx

La Massane
Les Joncades Basses
13210 Saint-Remy-de-Provence

ISBN 2-84135-394-X

PARIS

Les QUAIS *de la* SEINE

TEXTES ET AQUARELLES
ALAIN GOUDOT

ÉQUINOXE

Les armes de la ville de Paris sont coulées en fonte d'acier sur la pile sud-ouest du Pont de la Gare.

Fluctuat nec mergitur

La devise de Paris indique bien l' appartenance de la ville au fleuve. Sur son blason, une barque, "la nef d'argent", représente la corporation des "nautes". Ce symbole sera adopté par la ville de Paris au début du XIIIe siècle ; fortifications, fleurs de lys et couronnes seront ajoutées plus tard.
Le long de la Seine, une *frange de terre* sépare le fleuve en mouvement de la ville de pierre. Cette configuration favorise toutes sortes d'activités ; certaines d'entre elles, très anciennes, disparaissent ou bien se perpétuent, tandis que de nouvelles s'inventent au cours de l'histoire.

Les bords de l'eau au fil du temps

Le fleuve n'a pas toujours coulé entre deux hauts murs de pierre ininterrompus. Il faut imaginer le fleuve dans son état originel. Les rives étaient plus floues, des marécages existaient sur la rive droite ; le quartier du Marais aménagé seulement au XIIIe siècle, en garde le souvenir ; le niveau du fleuve était variable et de nombreux îlots existaient en amont et en aval de l'île de la Cité ; des bras de Seine se prolongeaient sur les deux rives.

Une carte du fleuve a été établie grâce à des textes romains ; y figurent des îlots et une vaste forêt sur la rive droite tandis qu'un axe de circulation Nord-Sud franchit le fleuve à travers l'île de la Cité.

Des fouilles entreprises à Bercy, en 1991, ont mis à jour une pirogue de l'âge néolithique. D'autres fouilles, ont permis de retrouver les traces du fleuve sous l'actuel Faubourg Saint-Germain.

Les livres d'histoire nous apprennent qu'à l'origine une tribu de pêcheurs, "les Parisii" s'installent, au début du IIIe siècle avant J.-C., dans l'île de la Cité qui deviendra la capitale de la Gaule celtique.

Les Romains conquirent cette cité en 52 avant J.-C. et ils lui donnèrent le nom de "Lutèce".

Les Romains préféraient le transport fluvial à la voie terrestre, beaucoup plus risquée. Malgré les difficultés de navigation du fleuve dans son état naturel : hauts-fonds, gués, brusques dénivelés... la batellerie romaine produisait de belles embarcations et le génie civil suivait, avec les appontements et de véritables ports fluviaux. En dépit des caprices du fleuve, il était plus sûr d'amener des marchandises à bon port par bateau.

La Seine était aussi un fleuve nourricier : les poissons pêchés représentaient une part importante de la nourriture de sa population.

A partir du XVIe siècle, une riche iconographie apporte de nombreuses informations sur la vie des parisiens et de leur fleuve. On peut d'ailleurs trouver ces documents chez les bouquinistes.

Les peintures, les gravures, les représentations cartographiques, ou les premières photographies, prouvent la relation étroite, intime, de Paris avec la Seine.

Sur plusieurs cartes gravées au XVIe siècle, le contour des fortifications de la ville est bien dessiné et, outre l'île de la Cité très urbanisée, le fleuve compte, en amont et en aval, plusieurs îles. L'île Saint-Louis y est représentée verte comme un pré et portant encore le nom d'île de Louviers.

Mais le cours de la Seine est bien capricieux et il faudra attendre 1867, pour que la construction d'un barrage, en aval, à Suresnes, apporte au fleuve un niveau constant.

Les "cartographes-graveurs" de cette époque, grâce à leurs traits précis, comme la ligne claire

10

des bandes dessinées contemporaines, savent montrer la géographie, l'urbanisme mais aussi l'architecture et les activités des habitants.

On distingue bien des hommes en armes, montant la garde et d'autres en train de pêcher. Un bateau, avec son mât haubané, son canot annexe, son grand gouvernail et les tonneaux entreposés dans sa cale, est halé par un cavalier qui remonte le courant sur la rive gauche. Un chemin de halage était tracé, rive gauche, en amont, rive droite en aval. Aucun obstacle ne devait entraver la progression des chevaux ou des hommes peinant pour tirer les embarcations en remontant le courant.

On y voit aussi des "ponts habités". Ils étaient au nombre de cinq, pour relier la rive droite à la rive gauche en traversant l'île de la Cité.

L'histoire des ponts de Paris montre qu'ils ont souvent été emportés par les crues ou quelquefois par les incendies et ensuite reconstruits.

On découvre l'embouchure de la Bièvre, à

l'extérieur des fortifications, proche de la "Tournelle", limite Est de Paris, avec un moulin actionné par le courant de la rivière.

Aux abords du Louvre, ont voit un important port de commerce avec quais, pontons, entrepôts ; des péniches chargées de marchandises et des coches d'eau avec des passagers, descendent le courant. Ce mode de transport fluvial durera jusqu'à l'apparition du chemin de fer. D'autres pontons et aménagements portuaires sont indiqués. Parfois, la berge, non aménagée, plonge brutalement dans l'eau, ou des escaliers donnent directement accès au fleuve.

Le Palais Royal, à la pointe de l'île de la Cité est représenté avec différents jardins selon la date des plans. On voit aussi le Jardin des Tuileries, conçu, au bord de la Seine, par Catherine de Médicis en 1564 et qui fut la première promenade ombragée au bord de l'eau.

Le plan Turgot (1739), nous aide à mieux comprendre l'évolution de l'urbanisation des quais de la Seine.

Les XVIIe et XVIIIe siècles apportent les constructions des palais classiques, depuis l'île de la Cité jusqu'à la Concorde.
Au XIXe siècle les travaux d'Haussmann et les grandes expositions universelles de 1855 à 1937 achèvent ces aménagements et marquent fortement le paysage parisien jusqu'à la pointe de l'île aux Cygnes. C'est cette partie des quais, entre la pointe de l'île de la Cité et la Tour Eiffel qui est classée par l'Unesco en 1991 au Patrimoine Mondial de l'Humanité.
Le XXe siècle est également bien représenté, avec l'Institut du Monde Arabe, le Musée d'Orsay, la Grande Bibliothèque Nationale, le Ministère des Finances à Bercy et le réaménagement de l'ensemble des quais, en promenades et jardins.
Les quais de la Seine ont été, à toutes les époques, une riche source d'inspiration pour les peintres. Quelques tableaux, ont été choisis pour la qualité de leurs enseignements sur les échanges entre le fleuve et la ville, qu'ils illustrent à merveille.

13

D'après LALLEMAND
« L*a Seine et l'Archevêché.* »
Musée Carnavalet

Afin de se protéger des crues annuelles, les parisiens construisent les rez-de-chaussée des immeubles sur de hauts murs de soutènement. Les rives du fleuve sont occupées par des constructions précaires ; quelques pontons de bois relient le quai à des barges amarrées ou au mouillage dans le lit du fleuve. Il règne une intense activité : des lavandières, sur un ponton couvert exposé au soleil, des pêcheurs sur leur barque ou d'autres sur la rive, un marché flottant aux poissons frétillants dans des viviers immergés. Curieusement, les toitures à faible pente et leur couleur, évoquent l'influence de l'architecture méditerranéenne.

D'après NATTES (1805)
Le lavoir de l'Hôtel Dieu

Cette vue d'un lavoir sous un pont décrit un aspect de Paris aujourd'hui disparu. Les habitations sur l'eau, les piles très rapprochées du pont, laissent peu d'espace pour la navigation et les constructions assez hautes pour cacher le ciel, donnent l'impression d'une vie urbaine repliée sur le fleuve, comme pour se protéger de l'extérieur. "L'entre-deux-ponts" ressemble plus au patio d'une habitation qu'à un fleuve.

D'après Nicolas Jean Baptiste RAGUENET (1756)
La joute des mariniers devant le pont Notre Dame
Musée Carnavalet

Le sujet du tableau n'est autre que les joutes d'eau qui avaient lieu devant le pont Notre-Dame, alors occupé par des bâtiments de quatre ou cinq étages.
Ceux-ci sont imposants par leur hauteur et leur densité. On peut noter, sur une pile centrale, un faisceau de conduites d'évacuation des effluents dans le fleuve
Un édit royal de 1786 interdit les constructions sur les ponts pour éviter les catastrophes causées par les crues. La conséquence imprévue de cette heureuse décision est que le regard peut suivre sans aucun obstacle, jusqu'à l'horizon, les belles perspectives de la Seine.

D'après HOFFBAUER (1858)
Vue de Paris
Musée carnavalet

Cette peinture représente la construction du Pont-Neuf et la grande animation qu'elle a provoquée. On peut remarquer les deux ponts habités : le pont Saint-Michel, le pont aux Meuniers ainsi que le Moulin de la Monnaie, installé dans le cours de la Seine. L'enceinte du Palais Royal, formant la pointe de l'île, est bien visible ainsi que les activités portuaires complexes de la rive droite et les nombreux ilôts émergeant devant la pointe de l'île. La liaison du palais avec le nouveau pont par le remblai des îlots, forme la place Dauphine, conçue pour le futur Louis XIII.

D'après Nicolas Jean-Baptiste RAGUENET
Le pont-neuf (1763)
GETTY collection

Au premier plan le port Saint-Nicolas se développe au pied du Louvre pour ravitailler le Palais Royal puis toute la ville.
La forme des bateaux avec leur grand gouvernail, les modes de chargement et de stockage, les tonneaux, les ballots, les transports à terre, tout est dit sur cette représentation. Des *coches d'eau* sont couverts de bâches pour se prémunir contre les intempéries.
Au milieu du pont, la statue équestre d'Henri IV, du sculpteur Franqueville, a été remplacée en 1818 par celle que l'on voit actuellement.
Le Square du Vert Galant n'est pas encore sorti de l'eau….
Sur un autre tableau de Raguenet, un bâtiment attenant au Pont-Neuf, abrite un système complexe de pompes destiné à l'alimentation du Louvre en eau de Seine.

D'après J.J. CHAMPIN (24 mars 1848)
Plantation de l'arbre de la liberté

Cette vue "aérienne" de l'Hôtel de Ville datée de 1848 montre que le Pont d'Arcole est un pont suspendu. Le Pont Louis-Philippe n'est pas encore construit et une passerelle prend appui sur la pointe de l'île Saint-Louis pour rejoindre la rive droite.
Depuis la place de Grève, un grand plan incliné descend vers la Seine : c'est là que de nombreux bateaux déchargent quotidiennement leurs cargaisons pour ravitailler les Halles toutes proches.

D'après Albert BRENET
Exposition universelle 1937
L'Illustration, 1937

La dernière exposition universelle a laissé des traces notables : la grande perspective du Trocadéro et ses jardins, le palais de Tokyo, longtemps Musée d'Art Moderne et l'aménagement des quais. Ce tableau représente les pavillons des nations, installés devant la Tour Eiffel, de chaque côté du pont d'Iéna, élargi pour cet événement.
Les sports nautiques sont à l'honneur cette année-là, avec une démonstration de ski nautique au premier plan.

Embarquons pour une promenade sur la Seine, le long des berges, au soleil ou à l'ombre, traversons le fleuve par ses nombreux ponts, naviguons sous leurs arches et laissons-nous emporter par le courant.

Bétons de Paris

Que l'on entre par l'amont ou par l'aval du fleuve, on trouve sur les berges des gravières et des fabriques de béton. Ici, en amont, en arrière de ces installations, on découvre la Grande Bibliothèque de France, sur la rive gauche et en face, la silhouette du Ministère des Finances, nouvelles "portes de la ville".

30

Bibliothèque Nationale de France

Quatre grands livres ouverts doublent leur image par leur reflet dans l'eau.
Un parvis de bois attend le pont qui le reliera au nouveau Parc de Bercy sur la rive droite. Ce projet renoue avec l'ancienne coutume de construire des ponts habités car il prévoit des magasins, des librairies, cafés terrasses…
Un ancien bateau-phare, rouge foncé, amarré à ce quai, a été aménagé en restaurant.

Bercy

Le Ministère des Finances, plus familièrement appelé “Bercy”, a été inauguré en 1989. Une vedette amarrée au quai, un héliport sur le toit, des automobiles prêtes à partir dans les sous-sols, le métro qui traverse la Seine, le chemin de fer PLM qui passe juste derrière … tout semble prévu pour les “urgences fiscales”…
L’architecture de ce grand vaisseau blanc dont l’étrave plonge dans le fleuve, offre une modénature de façade très subtile, aux proportions harmonieuses et originales, faites de pleins et de vides, de pierre et de verre opaque ou transparent, de noirs et de blancs.

La maison de la Batellerie

Construite dans les années soixante, à proximité des Magasins Généraux, sur la rive gauche, elle poursuit une activité portuaire après avoir abrité la Bourse aux Affrètements des mariniers.
Proche également des Halles de Bercy qui assuraient l'approvisionnement de Paris de 1870 à 1970 et des Grands Moulins de Paris.

Le pont Charles de Gaulle

Construit en 1997, c'est le plus récent pont de Paris. Il franchit la Seine d'une seule courbe, lisse comme une aile d'avion.

Au fond de la perspective, la grande horloge de la Gare de Lyon, parmi les modernes immeubles de bureaux.

38

Le pont de la Gare

Ici, le métro traverse la Seine, puis disparaît, comme happé mystérieusement, dans une courbe très en pente, rive droite, sous le Quai de la Râpée. Sous les arches des ponts successifs, on aperçoit la pointe de l'ile Saint-Louis. Des péniches amarrées à couple, annoncent les escales fluviales du port autonome de Paris

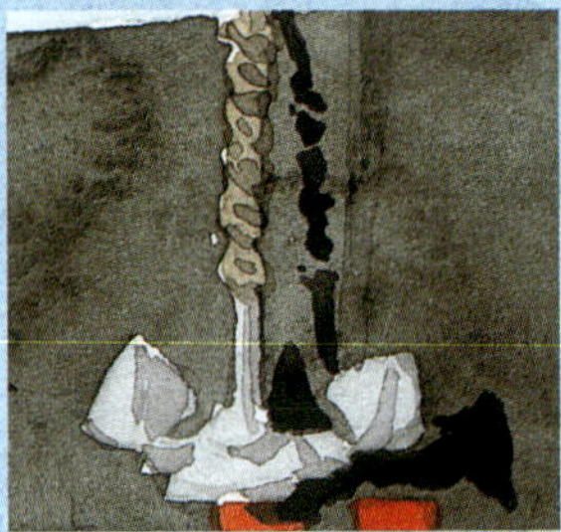

Paris port fluvial

Le port de Paris possède dix-neuf escales le long des trente-deux kilomètres de berges dans la ville. Il s'étend à l'extérieur de la ville, avec d'autres escales et il est, par le tonnage, le deuxième port fluvial européen.

Les échanges commerciaux sont essentiellement représentés par des matériaux de construction et de démolition.

Le port accueille aussi des péniches de croisières ou les péniches sédentaires de ceux qui choisissent de vivre sur l'eau. Il est permis de s'amarrer à n'importe quel anneau… sauf aux arbres, et des bornes sont prévues pour l' eau, l' électricité et le téléphone.

Habiter sa péniche

Habiter sur l'eau est un vrai privilège à Paris. Les places ne sont pas très nombreuses et la réglementation est rigoureuse ; mais n'est-ce pas un des meilleurs lieux pour jouir à la fois du fleuve et de la ville ?

Quelquefois, une péniche se déplace sur le fleuve à vive allure, provoquant des remous dans cette eau calme.

CAPITAINE NEMO
MAUPASANT
Sur l'eau

Aménager une péniche

L'aménagement d'une péniche en habitation a une contrainte essentielle. Les dimensions (environ trente mètres de long pour cinq de large) imposent que les pièces communiquent obligatoirement entre elles. Par contre, la hauteur variable permet des dénivelés agréables et le pont autorise des espaces extérieurs, et pourquoi pas, des jardins ou des terrasses ?
Sur ce profil, le séjour, la bibliothèque, le bureau, une cuisine ouverte et une terrasse sur le pont.

Le quai Henri IV

Le quai Henri IV a été réaménagé pour la promenade et les loisirs. De jeunes arbres, montés très hauts sur tige, sont plantés le long du mur. Un solarium est créé par des gradins et des plans inclinés. On peut voir, dès le matin, des adeptes de la gymnastique chinoise s'adonner à leurs gracieux exercices. De nombreuses péniches abritent des restaurants. Le quai se termine par une écluse ouvrant l'accès au canal qui abrite, jusqu'à la Bastille, le port de plaisance de Paris .

Le jardin Tino Rossi

Le quai Saint-Bernard est aménagé en jardin, il accueille de nombreuses sculptures contemporaines. *César, Etienne Martin, Brancusi, Zadkine,* ou *Chillida*, parmi beaucoup d'autres, sont présents. Ici, c'est "l'hydrorrage" d'*Ipousteguy* qui se reflète dans l'eau. Entre les récents bâtiments de la Faculté des Sciences, apparaît le Panthéon comme pour relier le passé au présent.
Ce jardin accueille aussi, depuis peu, certains soirs, des adeptes du tango, qui bénéficient d'un cadre digne de leur passion.

Institut du monde arabe

Réalisation contemporaine, l'Institut occupe une place éminente parmi les monuments qui ornent les rives de la Seine et sa façade, grand miroir courbe, marque fortement le paysage. Le pont de la Tournelle franchit les berges réaménagées en promenade pour aller vers le quai Saint-Bernard, transformé en jardin de sculptures.

Les bouquinistes

Cette librairie à ciel ouvert, sur plusieurs kilomètres de long, sous les ombrages des platanes, est unique au monde. Les bouquinistes ont acquis leurs droits, après bien des luttes, en 1891, car les libraires de la ville n'appréciaient pas cette concurrence. La forme des caisses de livres, leur couleur, leurs dimensions sont réglementées et leur uniformité dessine un élément linéaire bien lisible dans le paysage parisien. Le chineur peut y trouver des romans policiers, d'espionnage, de la littérature ancienne, des gravures, des lithographies, des affiches ou des cartes postales.

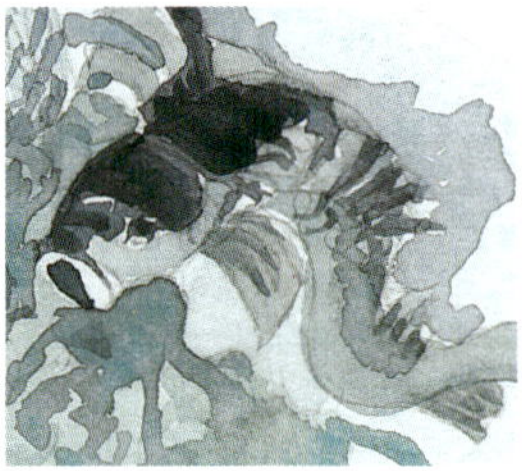

La pêche

Elle a nourri les habitants jusqu'au siècle dernier et elle est encore une activité parisienne ! Il existe une *école de pêche* à la pointe de l'île Saint-Louis et l'on peut apercevoir, à certaines heures, sur le quai en contrebas,

des pêcheurs néophytes s'exercer à l'art difficile de la *pêche à la mouche* avec des leurres, mouches artificielles issues du plumage bigarré de gallinacés exotiques.

Les pêcheurs fouettent leur fil pour faire monter la mouche et la poser ensuite sur l'eau où le poisson viendra la happer. S'ils ne sont plus très nombreux, ils n'en paraissent pas moins heureux d'être là…

Le dernier concours de pêche a eu lieu sur l'île aux Cygnes en 1900. A quand le prochain ?

On compte encore trente-huit espèces de poissons dans la Seine : des gardons, des perches, des brochets, des tanches ou des carpes, comestibles pour la plupart.

L'île Saint-Louis

Longtemps vaste prairie et pour cela quelquefois appelée l'île aux Vaches, son aménagement a commencé en 1614. La hauteur des quais est fixée à plus de 9 mètres et les ponts sont lancés de rive à rive. Elle commence à être habitée au milieu du XVIIe siècle.

Depuis le quai d'Orléans, on découvre le Panthéon, et, à la pointe de l'île, un site très romantique montre de très beaux panoramas sur le fleuve, la rive droite, l'île de la Cité et l'Hôtel de Ville.

Quai de l'Hôtel de Ville

Paysage de bouquinistes sur la rive droite, au printemps. La pointe de l'île Saint-Louis, de l'autre côté du fleuve, montre sa face Nord, assombrie et le quai Sud bien ensoleillé.

Mémorial de la Déportation

L'architecte a su mettre en scène l'ombre et la lumière pour montrer l'horreur et l'espoir dans ce monument très émouvant.

Notre-Dame de Paris

C'est l'image de Paris. On peut la préférer à la Tour Eiffel. Dentelle de pierre contre dentelle de fer, certains y voient le caractère léger de Paris s'y exprimer. Le parvis qui la précède et met en valeur sa belle façade n'a pas toujours existé. Non plus que le jardin aménagé à l'arrière. Le plan *Turgot* montre le monument bien avant les interventions d'Haussmann, relié à la rive gauche par un pont habité, entouré par les bâtiments de l'archevêché construits sur la rive droite et par d'autres bâtiments devant et derrière. Cet urbanisme avait aussi son charme.

Vue depuis la terrasse de l'Institut du Monde Arabe.
A l'horizon, apparaissent les tours du quartier de La Défense.

Des restaurants sur l'eau

Des péniches aménagées en restaurant sont amarrées le long des quais. On en trouve face à Notre-Dame, mais aussi au Trocadéro, devant la Bibliothèque Nationale, sur le quai Henri IV ou sur le quai de Tokyo. Certains de ces restaurants naviguent et offrent pendant le dîner une croisière "inoubliable" dans Paris illuminé.

La Conciergerie

La façade de la Conciergerie, exposée au Nord, est presque toujours à l'ombre. Vue depuis le Quai de la Mégisserie, elle s'éclaire à travers les fleurs, les plantes, et les cages à oiseaux, dont font commerce les marchands installés traditionnellement sur ce quai.

Paris Plage

Durant l'été, les quais de la rive droite, la plus ensoleillée, se meublent de chaises longues, de parasols bleus, de palmiers et de plages de sable. C'est Paris Plage, une station balnéaire….. sans les bains.

80

Les bains à Paris

Un premier établissement de bains a été créé en 1765, à l'emplacement de l'actuel Square du Vert-Galant. Il fut repris en 1797 par un exploitant qui possédait six établissements de bains sur la Seine, celui du Pont-Neuf possédait, à lui seul, 200 baignoires....

En amont du Pont de la Concorde, sur la rive gauche, le dernier établissement de bains renommé : la Piscine Deligny, s'est maintenue jusqu'à son incendie en 1997. Cette piscine "flottait" sur la Seine. Depuis le quai Anatole France, on pouvait voir durant l'été, les parisiens aux bains.

Un projet prévoit la création d'un nouvel établissement plus moderne, sur la rive gauche.

Le Vert-Galant

Ce prolongement de l'île de la Cité a été réalisé après la création du Pont Neuf car le plan Turgot ne le mentionne pas.
Un premier établissement de bains y a été construit en 1765, un jardin y fut créé en 1836, puis un café-concert en 1865. Une crue, en 1879, emporta le tout. Propriété de la Ville de Paris, depuis 1884, le Square du Vert-Galant a été aménagé sur cette pointe.

Le Pont-Neuf

Sa construction a été mise en œuvre par Henri IV, à la fin du XVe siècle et inaugurée en 1606. Ce fut le premier pont de Paris sans bâtiments. Il devint un lieu à la mode et des tableaux montrent, circulant sur le pont, des carrosses, des marchands ambulants, des promeneurs ; les premiers bouquinistes s'y installèrent.

La corniche du pont est supportée par 384 masques grotesques en console.
C'est le Pont-Neuf que l'on voudrait montrer, mais apparaissent alors : la statue d'Henri IV, le magasin de La Samaritaine, bel exemple d'immeuble style Arts Déco, et les portes de la Place Dauphine.

Vus depuis le Pont-Neuf : le pont des Arts avec la coupole de l'Institut de France, le Square du Vert Galant, le Musée d'Orsay et, lui faisant face, le Louvre.

Le pont des Arts

Edifié en 1804, il est le premier pont métallique de Paris mais, après son effondrement, il a été reconstruit à l'identique en 1984.
Il relie le Louvre au Collège des Quatre Nations, bâtiment conçu par l'architecte Le Vau, au XVIIe siècle qui abrite l'Institut de France et ses cinq académies, institution originale créée par Colbert. Pour être choisis parmi "les meilleurs", ses membres se doivent d' être "immortels" !!!!

Les illuminations

S'il est une merveilleuse promenade, c'est bien de descendre le fleuve en bateau-mouche, lorsque Paris est illuminé ou bien de rouler, "en décapotable", la nuit sur les berges de la Seine. Tous les joyaux de l'architecture scintillent dans la nuit, jusqu'à la Tour Eiffel avec son nouveau costume de lumière.

Le pont Royal

Sous les arches du Pont Royal, se déclinent celles du Pont du Carrousel, puis celles du Pont des Arts, et enfin celles du Pont-Neuf.

La passerelle Solférino

Liaison pour les piétons depuis le Musée d'Orsay et le Pavillon de la Légion d'honneur vers le jardin des Tuileries, c'est le plus récent franchissement de la Seine (inauguré en 2000). Une seule arche, mais à deux niveaux, reliant à la fois les berges et les quais. En raison des *voies express* (sur la berge rive gauche, sur le quai rive droite) le meilleur parcours est celui qui part du souterrain des Tuileries pour arriver sur le quai Anatole France.

La passerelle Solférino vue depuis le pont de la Concorde montre un paysage urbain qui lie le Louvre, l'île de la Cité et le Musée d'Orsay.

Le pont de la Concorde

C'est l'axe d'une grande perspective depuis le bâtiment abritant l'Assemblée Nationale jusqu'à l'église de la Madeleine. Depuis la passerelle Solférino, il précède le Grand Palais et le Pont Alexandre III.

La place de la Concorde

L'aspect actuel est bien différent de la Place Royale originelle. Elle ne comportait pas de liaison avec la rive gauche et se terminait par un quai dominant la Seine. Les grands espaces réservés aux piétons étaient des pelouses, les voies périphériques des fossés et le centre de la place était occupé par une statue de Louis XV.

Au XVIIIe siècle, le pont de la Concorde est construit dans l'axe de la place de la Concorde et la rue Royale, percée en 1757, prolonge la perspective.

Le Grand Palais

Au soleil couchant, l'évidente transparence montre bien l'intention des concepteurs de l'époque : créer une cathédrale de verre. C'est le grand rêve du "Crystal Palace".

Le pont Alexandre III

Cette grande arche qui franchit la Seine avec beaucoup d'élégance se détache nettement sur le ciel de Paris, avec ses blancs piliers surmontés de sculptures dorées. Il est aussi l'axe de la grande perspective des Invalides.

Pont préféré de nombreux Parisiens, il est le témoin de l'architecture et des arts décoratifs délirants de la Belle Epoque. Inauguré pour l'Exposition Universelle de 1900, il scelle l'amitié franco-russe. Certains de ses lampadaires sont identiques à ceux de la ville de Saint-Pétersbourg.

Deux jeunes pêcheurs de poissons mythiques coulés dans le bronze, placés à chaque extrémité du pont, rappellent l'origine de la ville et sa population de pêcheurs.

La passerelle Debilly

L'espace de quelques mètres, en traversant le pont d'Iéna, apparaît, comme cadré dans une fenêtre, le Sacré-Cœur. La passerelle Debilly relie la rive gauche au Palais de Tokyo, caché par un rideau de platanes.

Le Trocadéro

Après la création du pont Alexandre III, c'est le pont d'Iéna qui sera élargi pour l'exposition de 1937. Ces travaux s'accompagnent de la reconstruction du Trocadéro dans le style *moderne* de l'époque, avec un grand souci des perspectives classiques et un axe de symétrie très affirmé. Les jeux d'eaux et les jardins sont remarquables par leur ampleur, face à la Tour Eiffel et au Champ de Mars, et l'ensemble constitue un grand monument.

Depuis ce restaurant sur l'eau, on aperçoit le pont d'Iéna et la grande fontaine du Trocadéro. Quelques canards fréquentent le lieu et semblent y trouver nourriture abondante…

Le dernier rivet

Le pont Bir-Hakeim, construit après l'exposition de 1900, supporte les voies du métro. Le sculpteur a eu l'idée originale de représenter la pose du dernier rivet, sur la pile Nord-Ouest. Les couleurs des ponts métalliques reprennent toutes les nuances de la Seine, selon le ciel changeant, en déclinant une gamme, de gris, gris-bleu, gris-vert, ou même gris-jaune comme le pont Mirabeau.

Le voyageur arrivant à Paris par l'aval de la Seine, est accueilli par une copie réduite de la *Statue de la Liberté*, orientée vers l'Ouest, tel un salut à New York. Sur la rive gauche, on découvre les vingt tours du *front de Seine*, modeste évocation des gratte-ciels américains. A l'horizon, la Tour Eiffel est là, pour annoncer au visiteur qu'il arrive à destination.

Statue de la Liberté

Une statue de la Liberté, copie de la monumentale statue "la Liberté domine le monde", que tous les navires découvrent en arrivant à New York, est installée ici en 1889, à la pointe de l'île aux Cygnes. Elle est due au sculpteur français Auguste Bartholdi et la structure qui la maintient à Gustave Eiffel. Les photos de l'époque montre que l'original fut réalisé dans l'atelier du sculpteur, à Paris, et que c'est par morceaux gigantesques qu'il fut transporté aux Etats-Unis pour y être assemblé.

126

CARRÉS DE PARIS

DÉJÀ PARUS :

Paris, les Quais de la Seine
Illustrations d'Alain Goudot.

Les Jardins de Paris, carnet d'adresses et livre d'heures. *Illustrations d'Alain Goudot.*

Carnet de Paris, jardins inattendus
Illustrations d'Alain Goudot.

Carnet de Paris, les Gares
Illustrations de Cyril Joscet et Laure Crech'riou.

Carnet de Paris, sur les Toits
de Léa Weber et Fabien Robert.

Carnet de Paris, en Métro
Illustrations de Jean-Paul Ladril.

Carnet de Paris, 1e & 2^{e}
Le cœur historique.
Illustrations d'Alain Goudot.

Carnet de Paris, 3e & 4^{e}
Le Marais et les îles.
Illustrations de Michel Duvoisin.

Carnet de Paris, 5e & 13^{e}
De Cluny à la Grande Bibliothèque.
Illustrations de Gilbert Raffin.

Carnet de Paris, 6e & 14^{e}
De St-Germain-des-Prés au Parc Montsouris.
Illustrations de Cyril Joscet et Laure Crech'riou.

Carnet de Paris, 7e & 15^{e}
De la Tour Eiffel à La Ruche.
Illustrations de René Oghia.

Carnet de Paris, 8e, 16e & 17^{e}
Sous la lumière d'une Étoile.
Illustrations de Michel Duvoisin.

Carnet de Paris, 9e & 18^{e}
De Saint-Lazare à Montmartre.
Illustrations de René Oghia.

Carnet de Paris, 11e & 12^{e}
De République à Bercy
Illustrations de Laure Crech'riou.

À PARAÎTRE :

Carnet de Paris, 10e, 19e & 20^{e}
Illustrations de Jean-Paul Ladril.

Achevé d'imprimer en mai 2006
sur les presses de l'imprimerie Grafiche Zanini, Bologne (Italie)

Photogravure : Quadriscan • Mise en page : Atelier EquiPage - Marseille

2ème édition